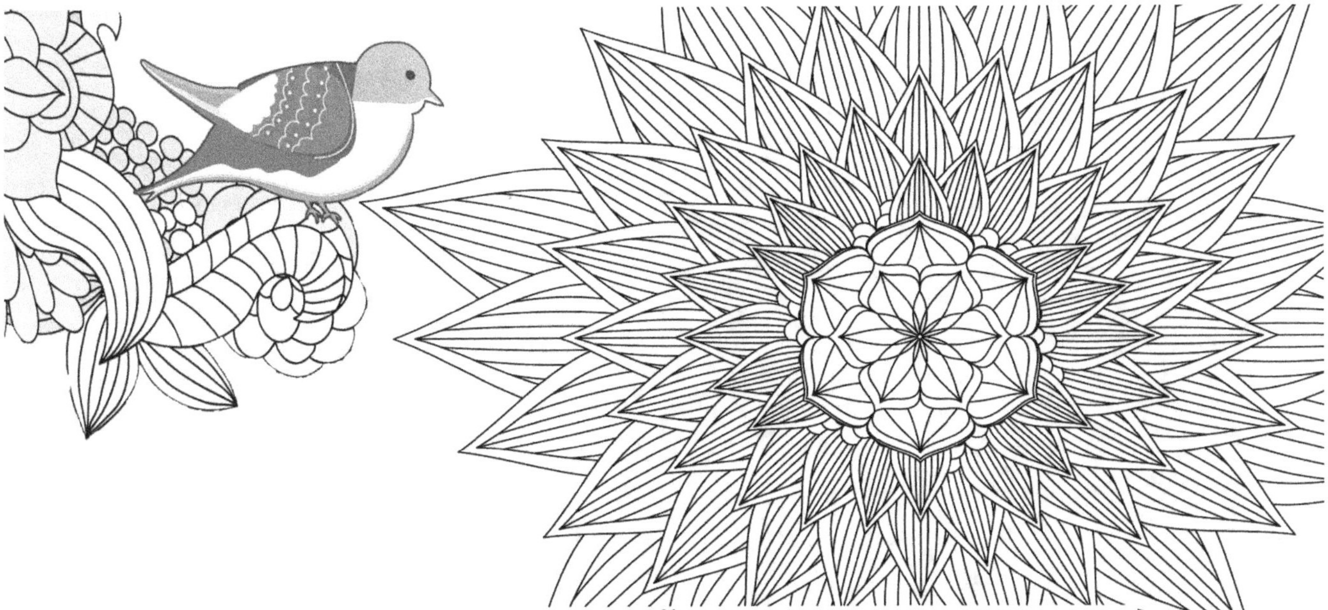

EIN MALBUCH FÜR ERWACHSENE
NUR FÜR DICH

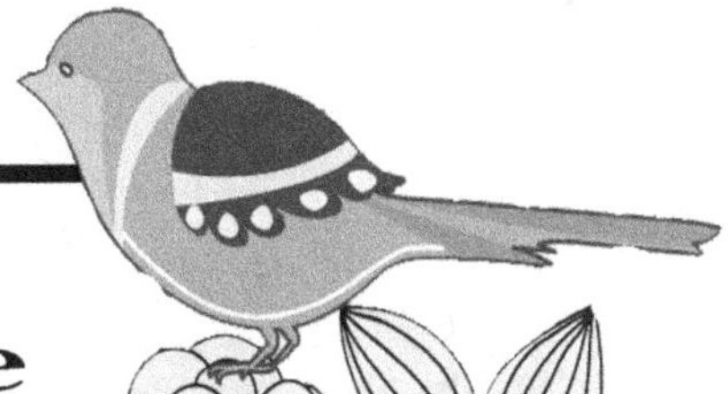

dein Name

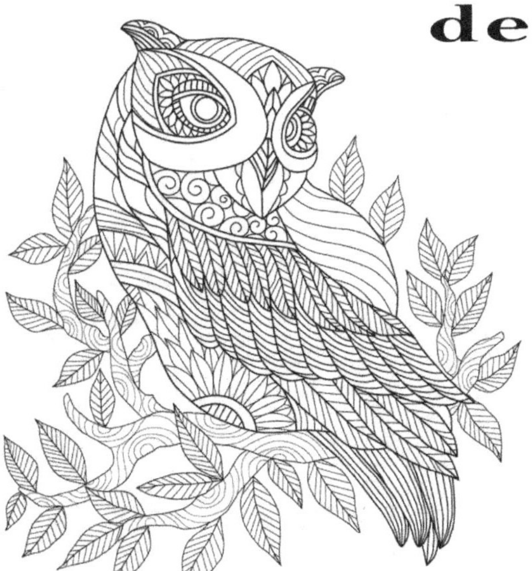

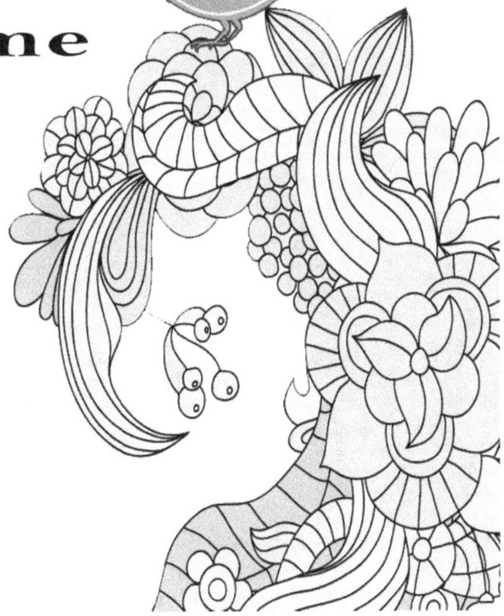

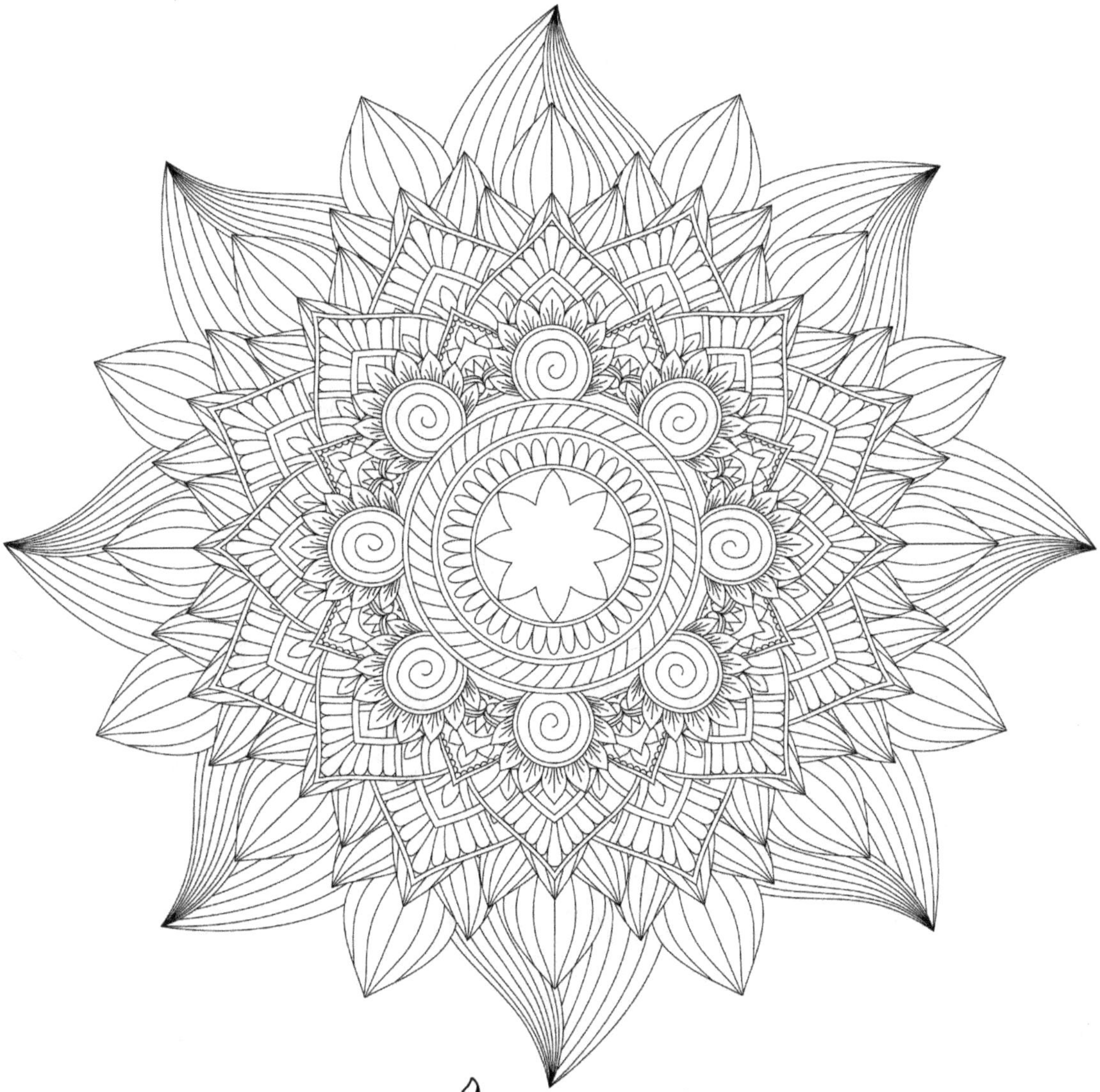

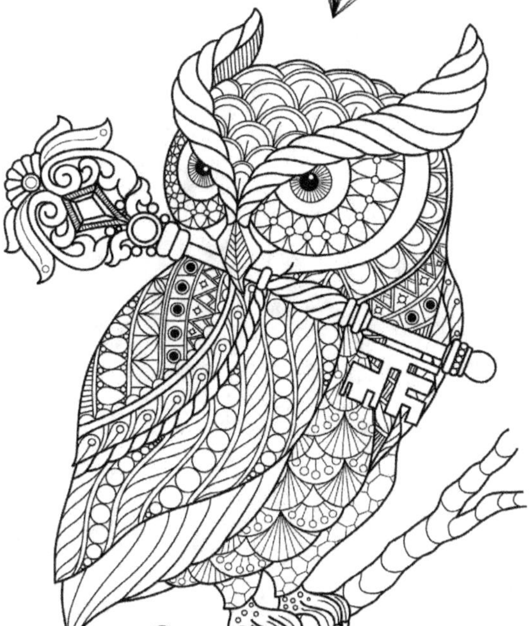

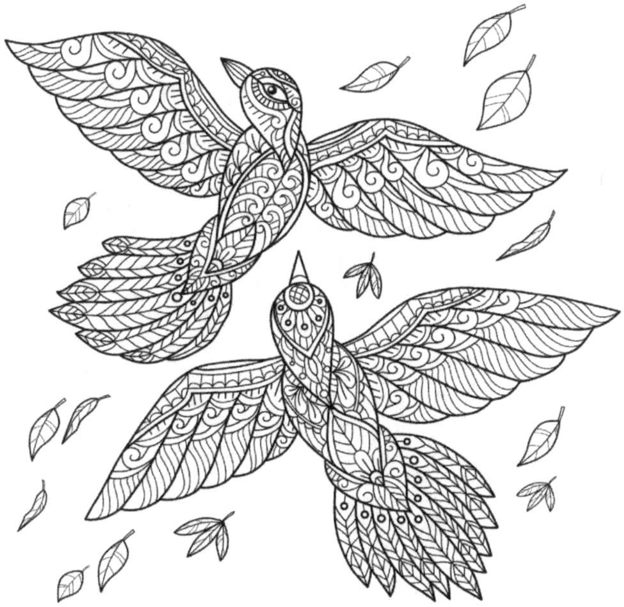

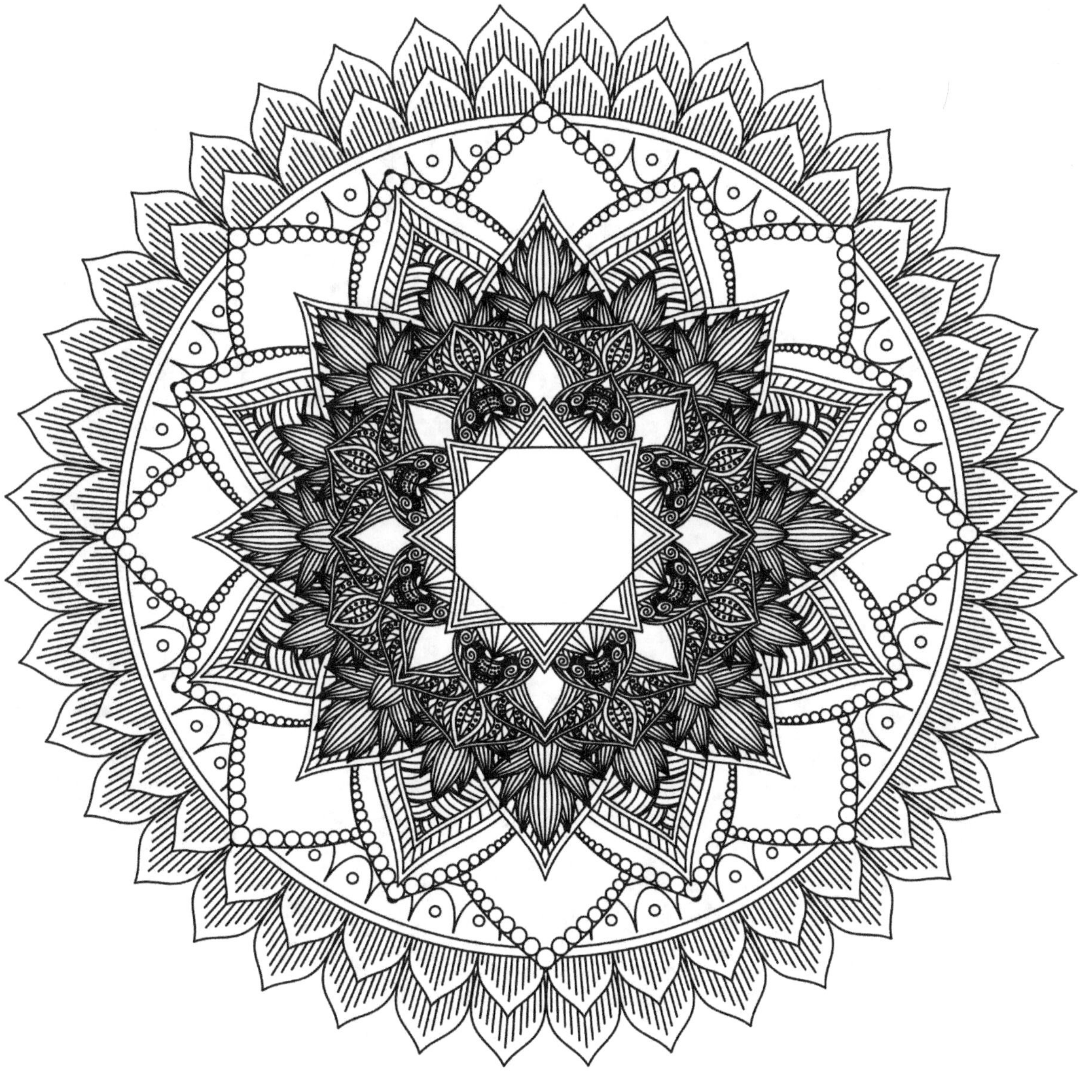

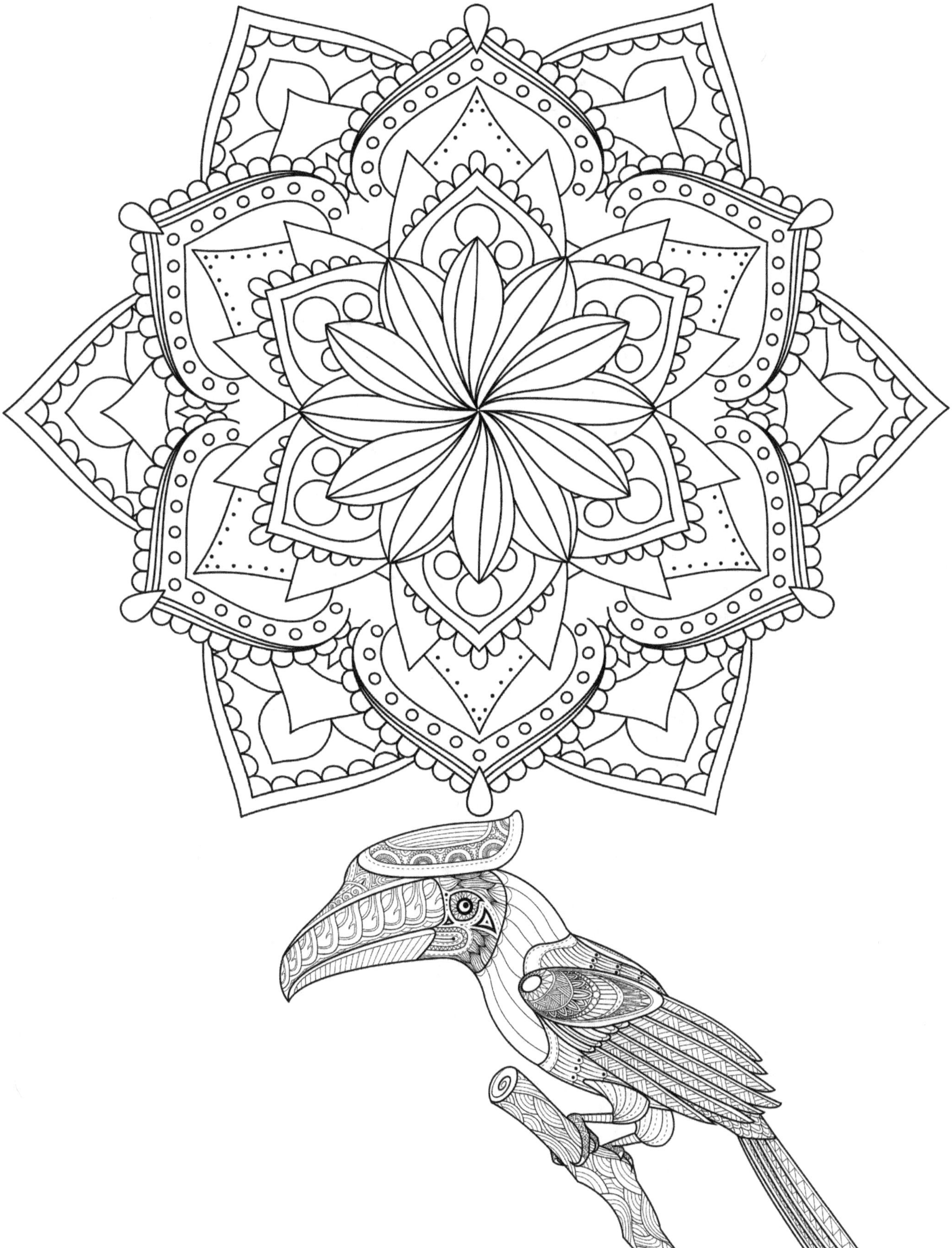

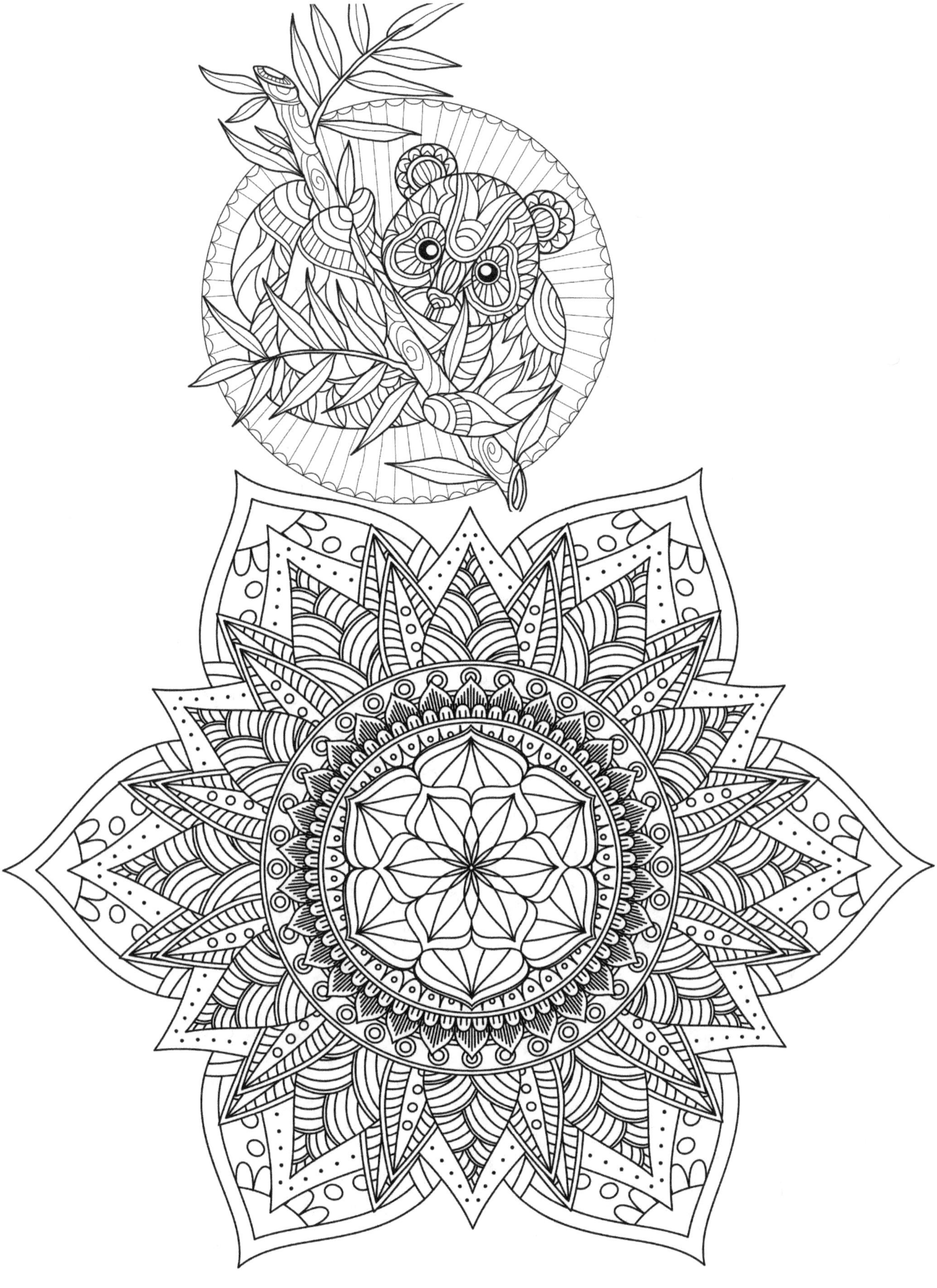

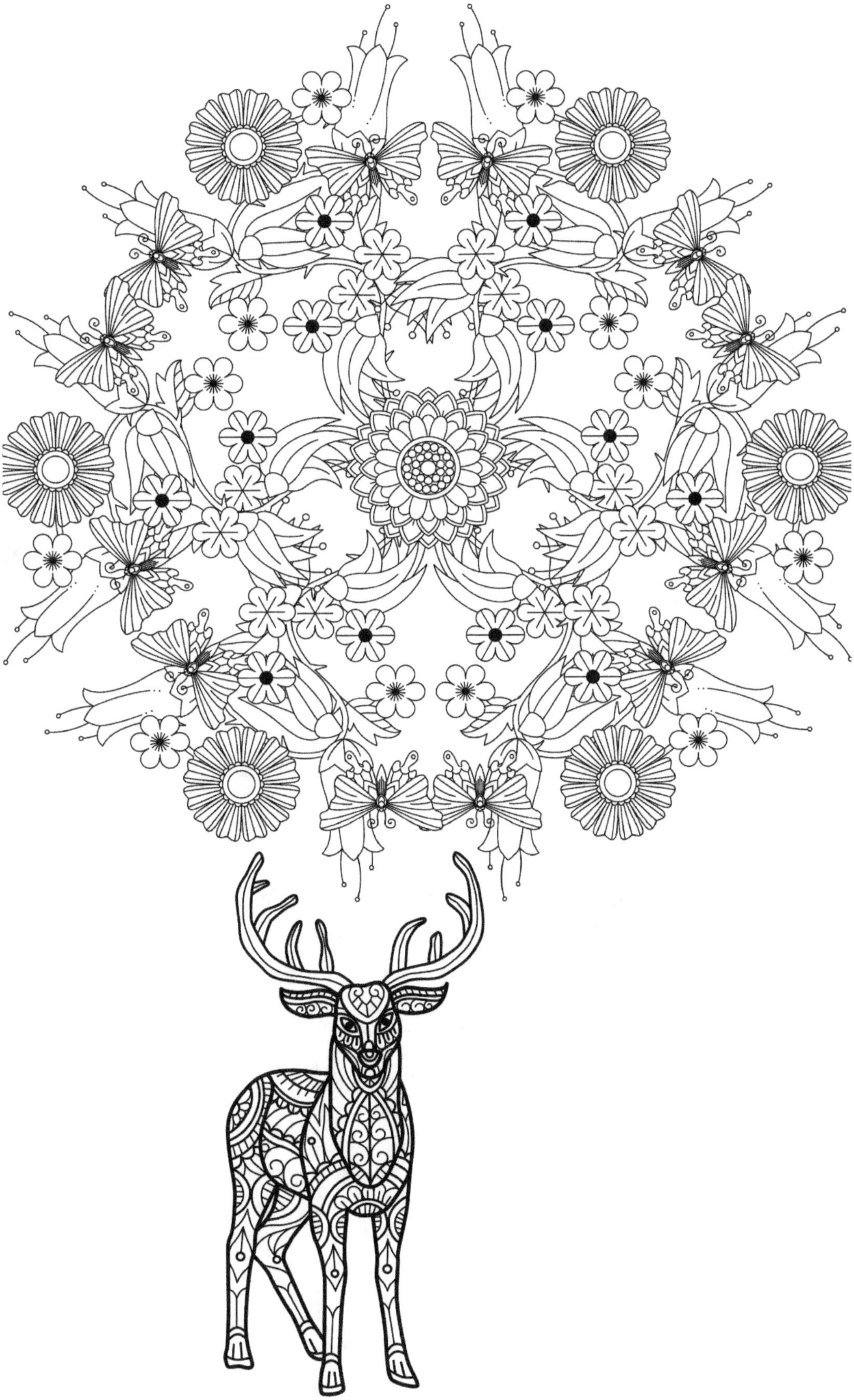

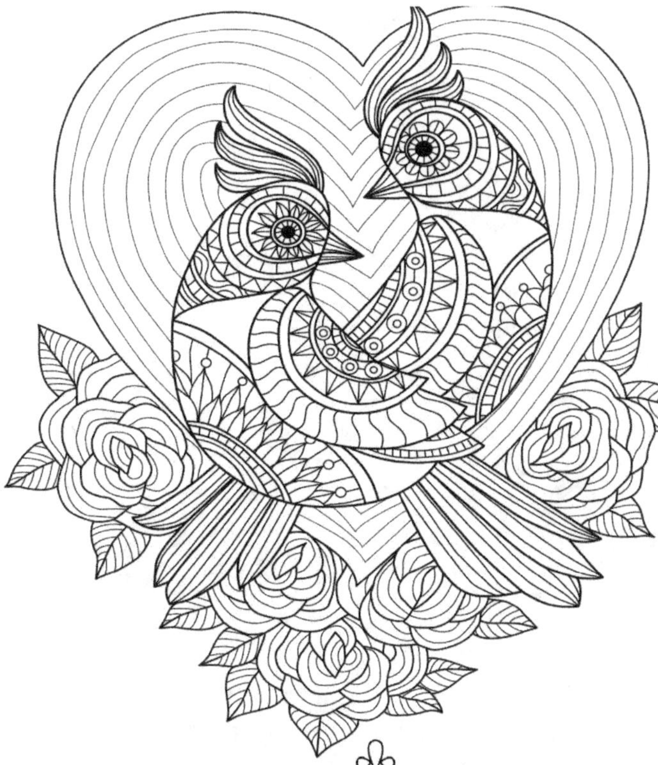

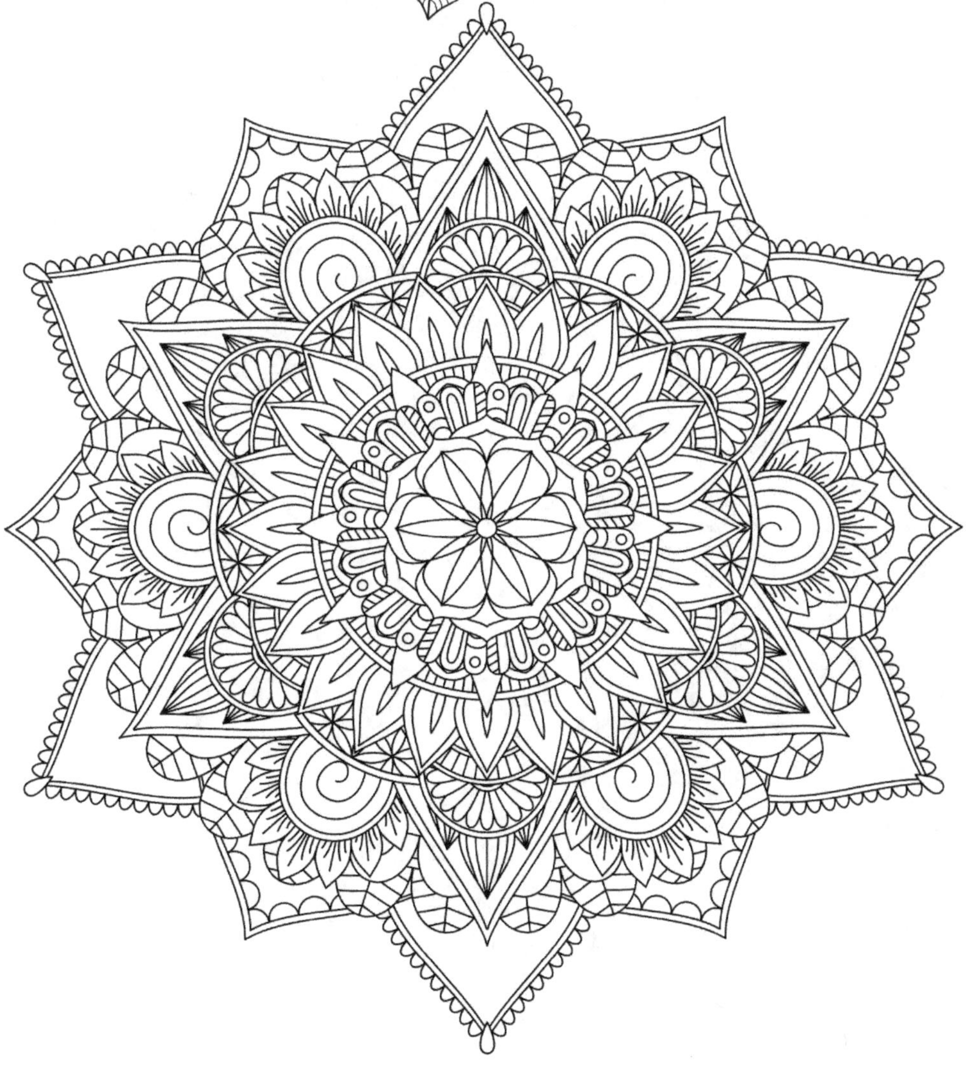

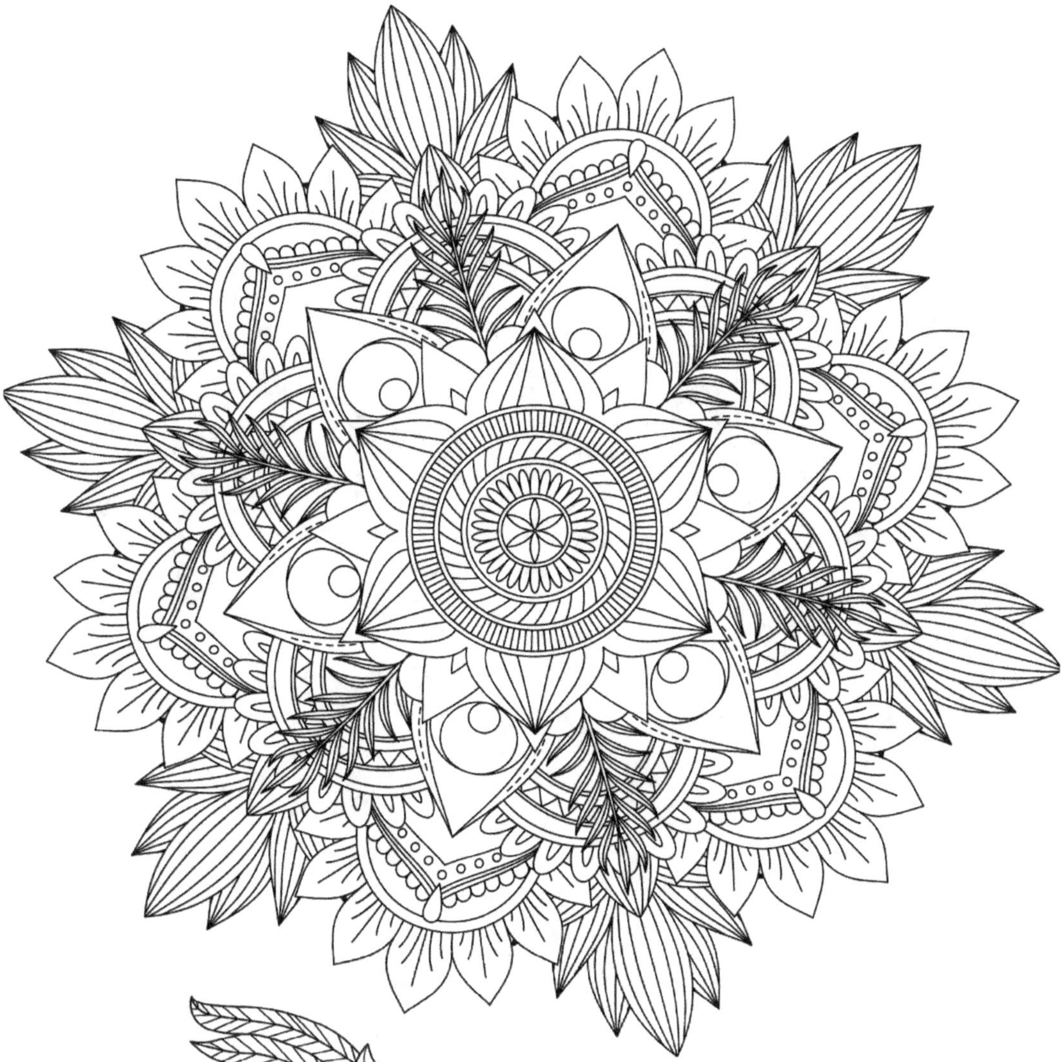

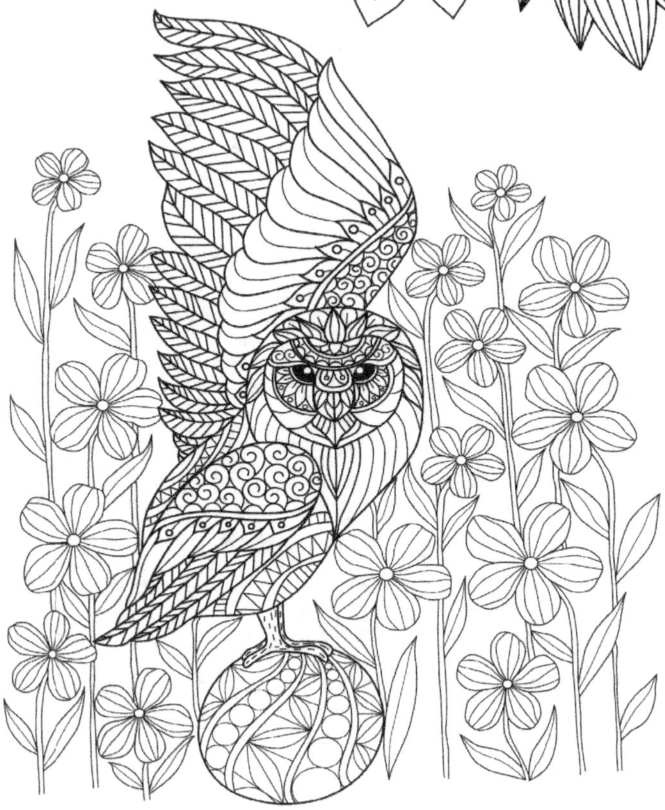

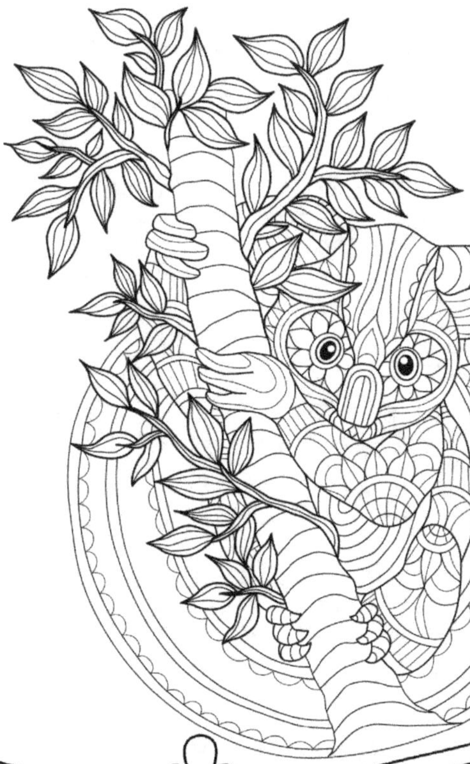

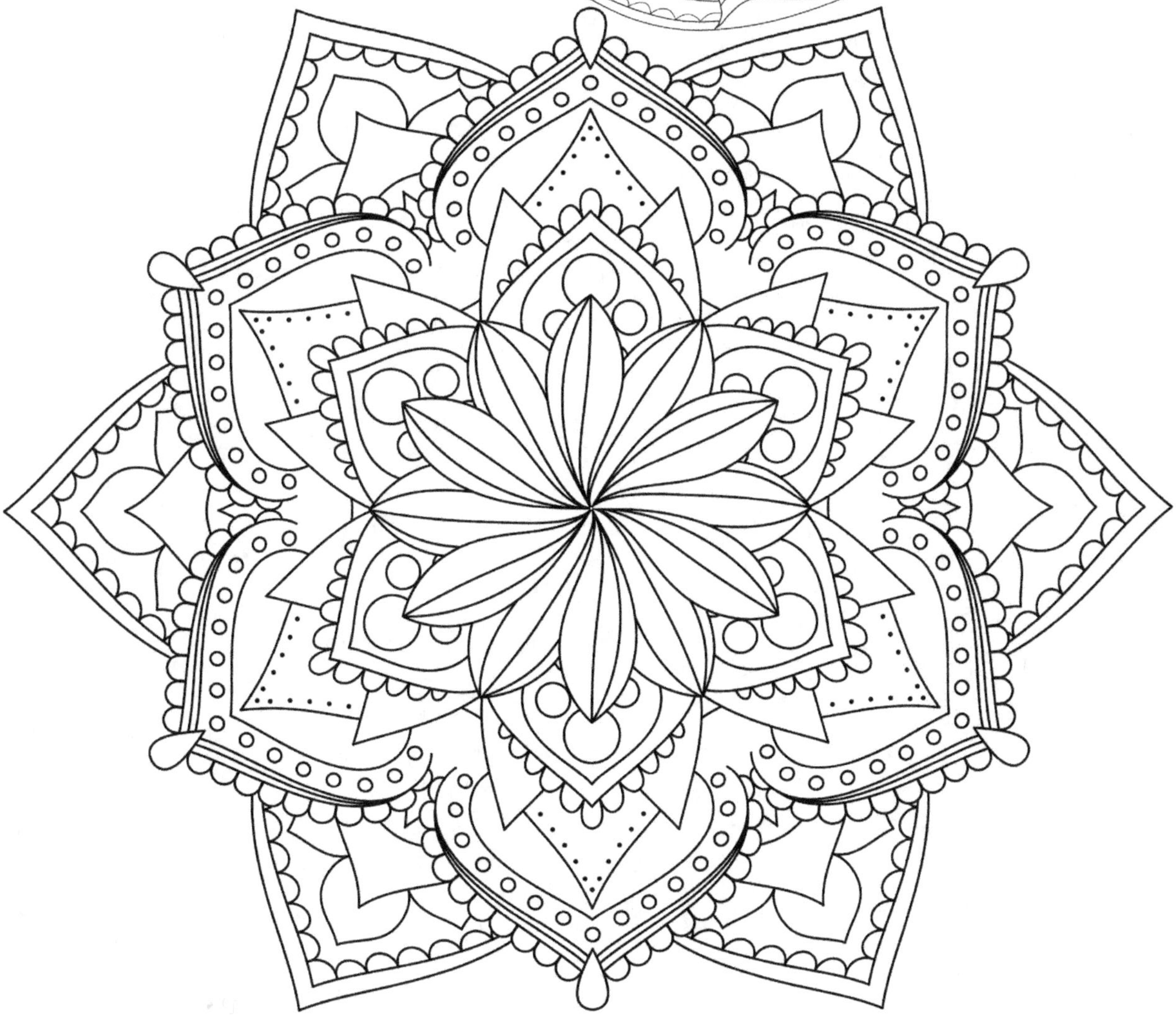

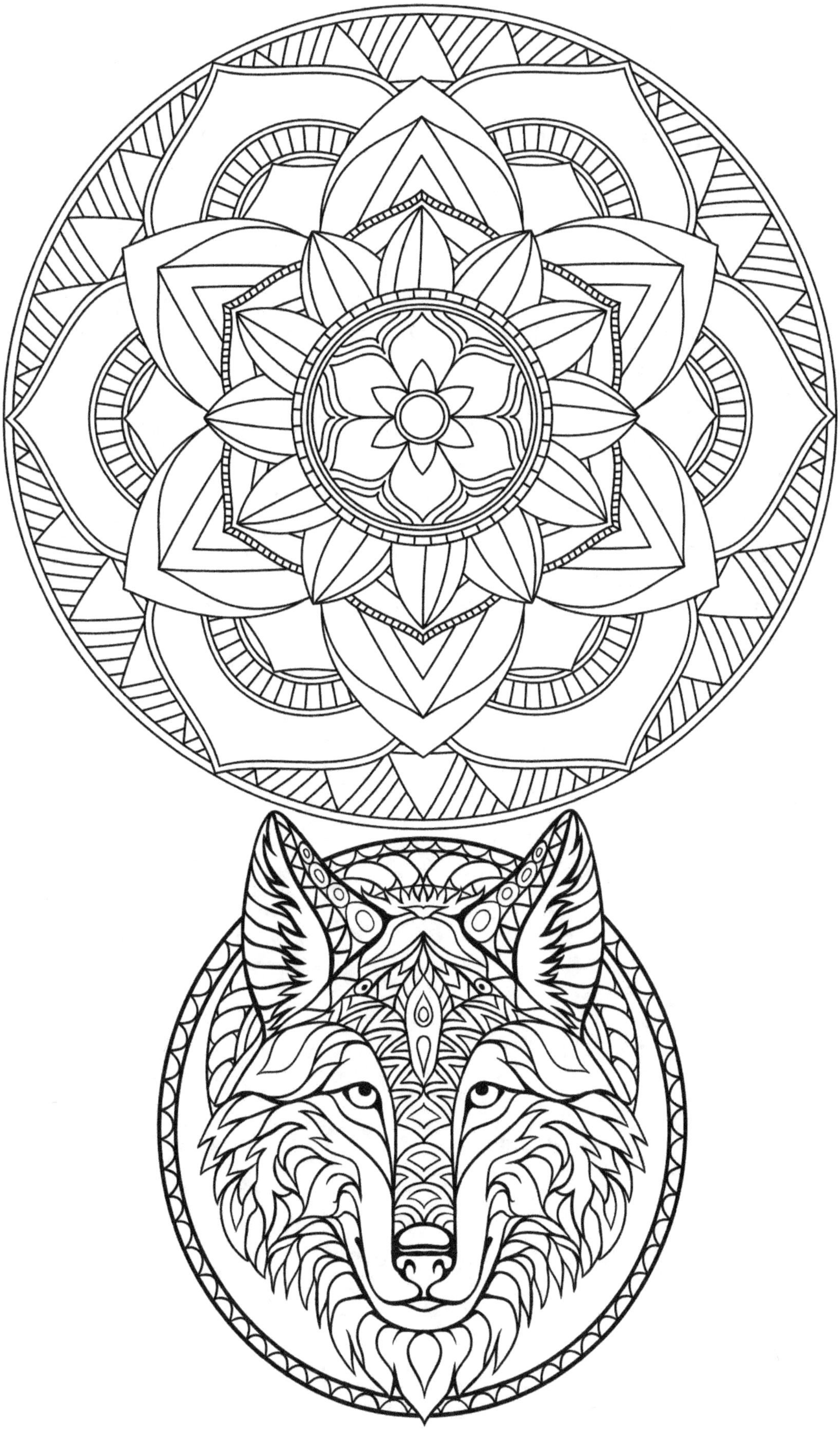

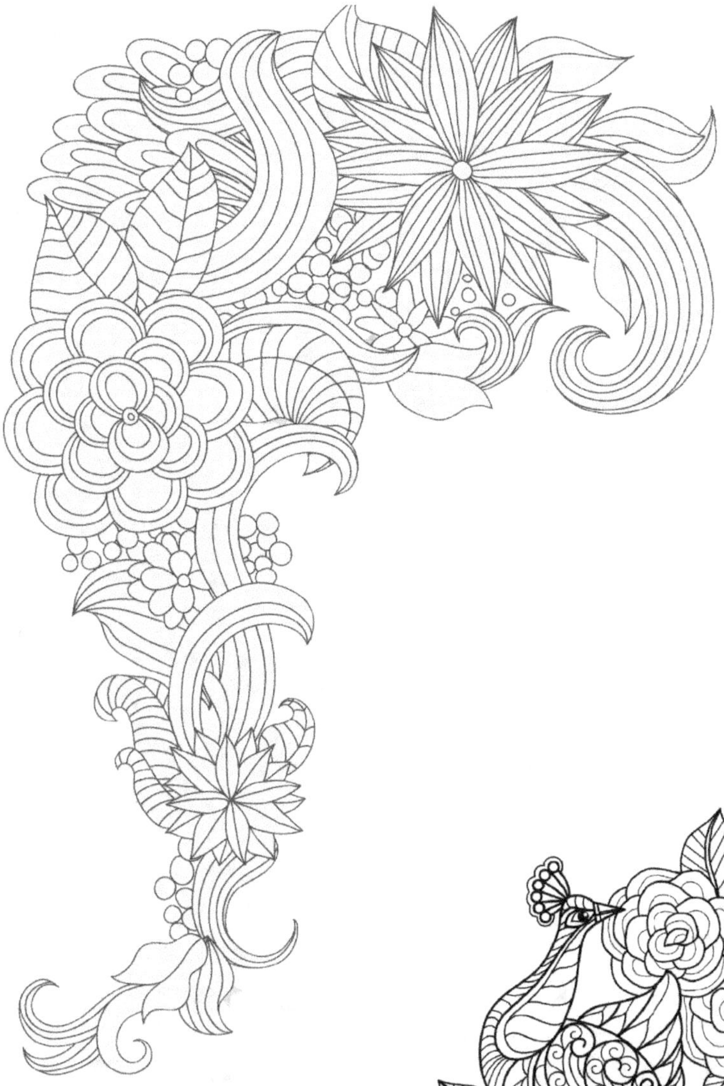
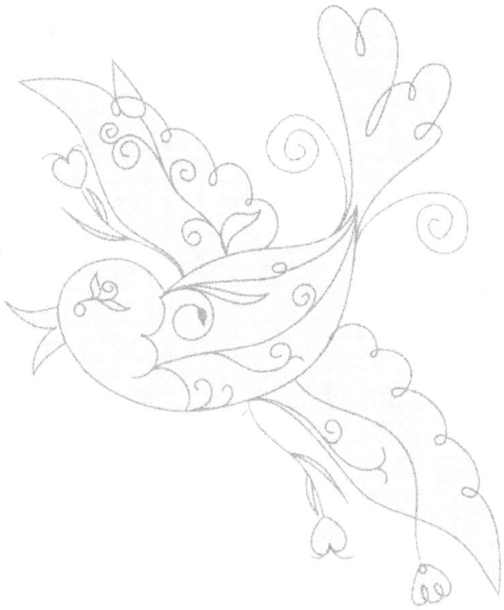
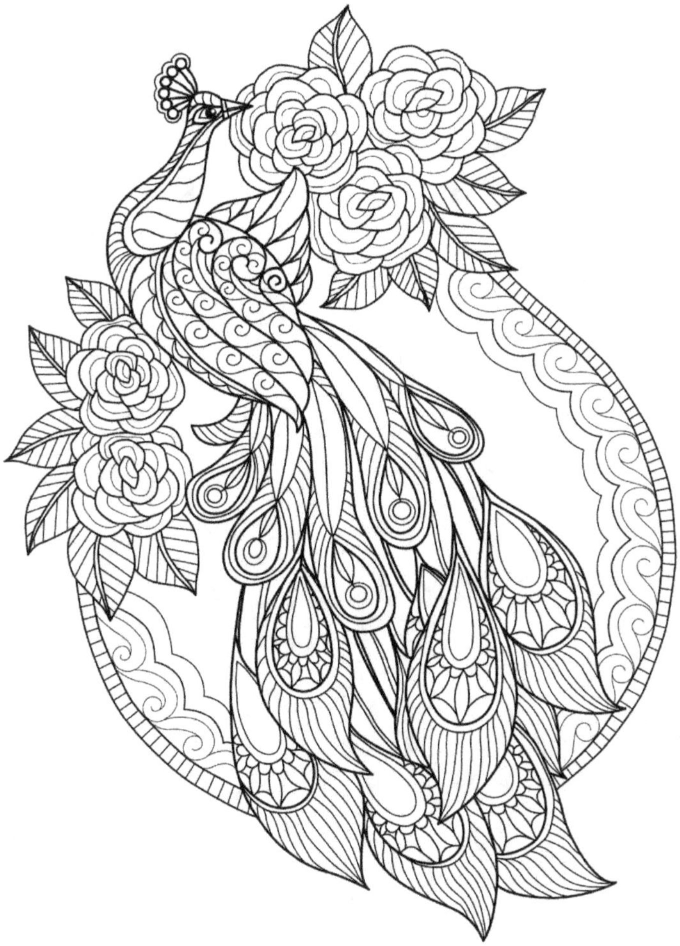

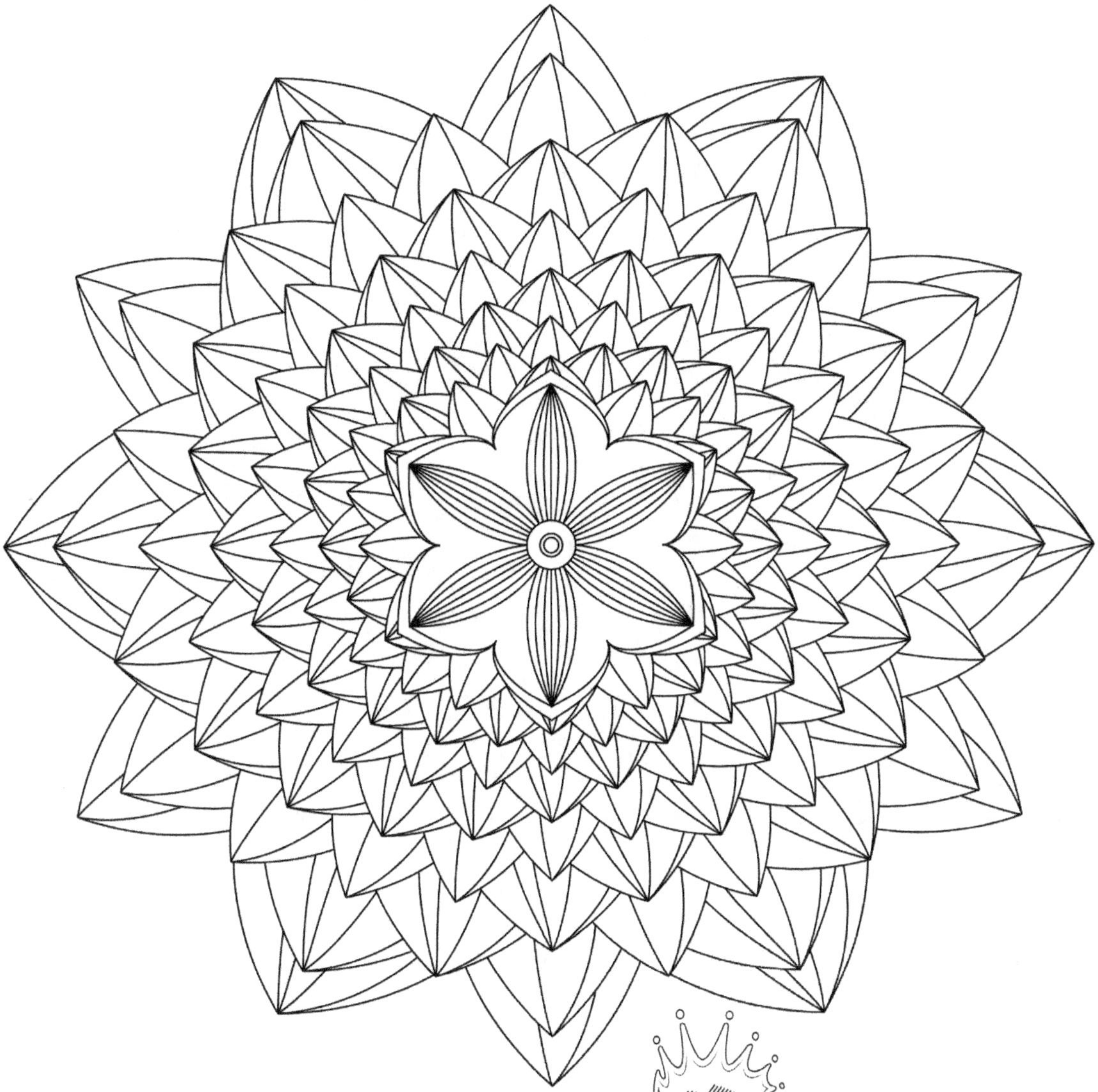
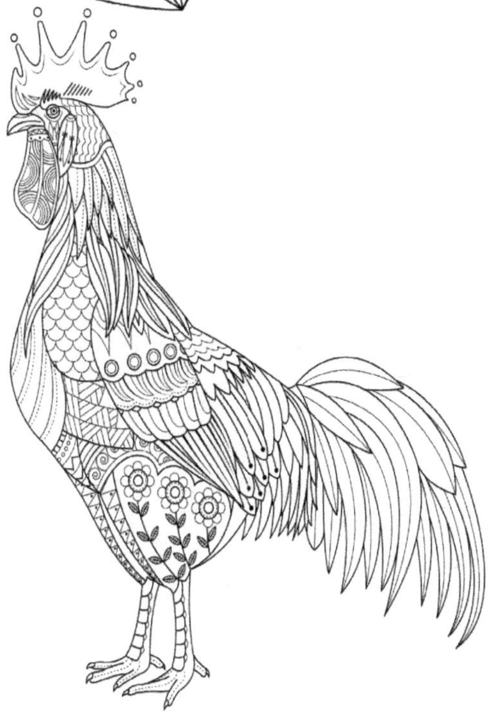

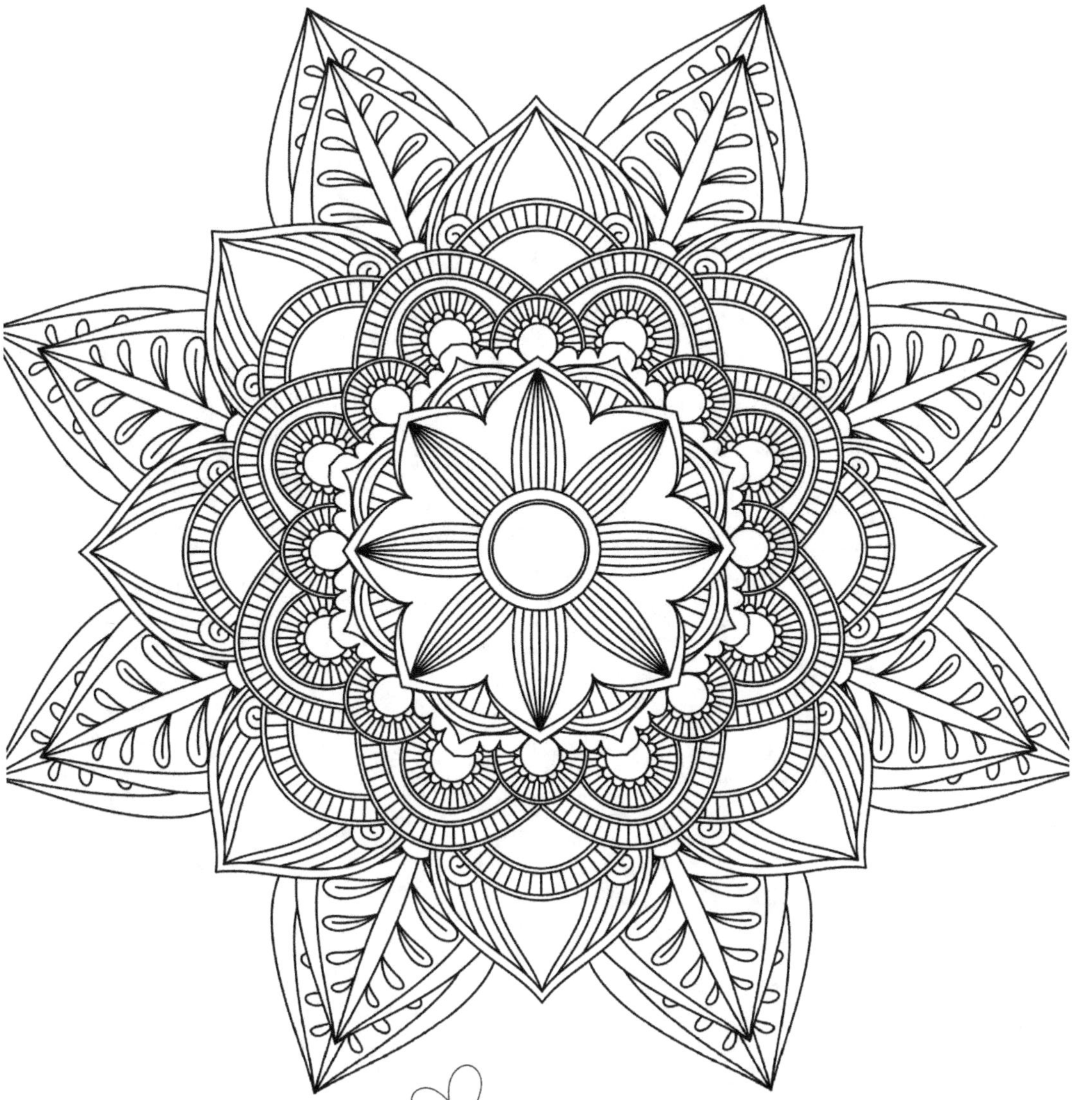

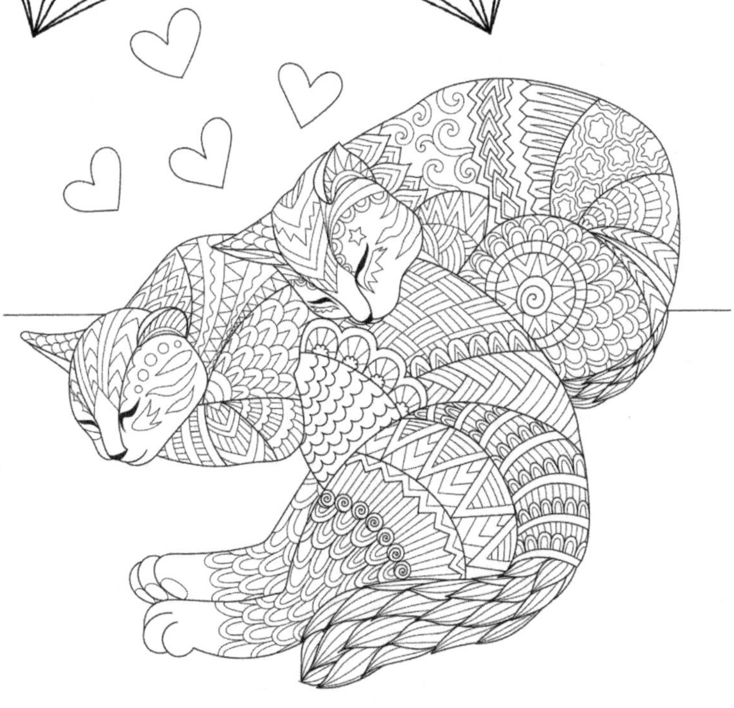

Impressum
Karsten Szpoeth
In Saalfeld 2
38486 Apenburg-Winterfeld
Germany

www.ingramcontent.com/pod-product-compliance
Lightning Source LLC
Chambersburg PA
CBHW081101240526
45465CB00025B/2810